MONOGRAPHIES PARISIENNES

UN VIEIL HÔTEL
DU
MARAIS

NOTICE ORNÉE DE VINGT GRAVURES, PORTRAITS, PIÈCES HISTORIQUES, ETC.

PAR

ADOLPHE JULLIEN

PARIS
LIBRAIRIE DE L'ART
29, CITÉ D'ANTIN, 29
1891

C. E. WILSON DEL.

MONOGRAPHIES PARISIENNES

UN VIEIL HÔTEL DU MARAIS

TIRÉ A TROIS CENT DIX EXEMPLAIRES
DONT DIX SUR PAPIER DU JAPON

LIVRES & REVUES

ADOLPHE JULLIEN. — *Monographies parisiennes : Un Vieil Hôtel du Marais*, notice ornée de vingt gravures, portraits, pièces historiques, etc. Une plaquette in-4° écu. — Paris, Librairie de l'*Art*, 29, cité d'Antin.

Les petits côtés de l'histoire du vieux Paris offrent un intérêt réel et, à côté de grands hôtels demeurés célèbres, il est plus d'une vieille maison dont il serait curieux de connaître l'historique exact depuis deux ou trois siècles.

C'est ce que vient de faire M. Adolphe Jullien pour un ancien hôtel que la noblesse, la finance, la magistrature ont successivement occupé et que le commerce n'a pas encore trop abîmé, grâce aux soins du propriétaire actuel.

Sous ce titre : *Un Vieil Hôtel du Marais*, notre collaborateur retrace avec agrément les vicissitudes non seulement de cette ancienne demeure, la sienne, mais aussi du quartier qui l'entoure, de l'église qui l'avoisine, et quel n'est pas notre étonnement de trouver, parmi les anciens propriétaires, un artiste, un de ces Hotteterre si célèbres au siècle dernier pour leur talent sur la flûte et qui furent comme les Tulou, les Taffanel de ce temps-là ?

Le livre de M. Jullien, édité par la librairie de l'Art, est orné de nombreux dessins originaux : élégants dessus de glace, plaques de cheminée d'un rare intérêt historique, fers forgés, papiers authentiques, armoiries, portraits, etc., et constitue, d'ensemble, une monographie très intéressante.

Si cet exemple était suivi et qu'on publiât une notice analogue sur les anciennes demeures dont les titres de propriété pourraient être consultés, on aurait l'histoire la plus exacte et la plus minutieuse de toutes les vieilles maisons de Paris... Mais allez donc demander à certains propriétaires de vous communiquer les documents indispensables pour un pareil travail, et vous serez bien reçu !

M. Bernard Jullien.
D'après son portrait, par J. Boilly (1858).

MONOGRAPHIES PARISIENNES

UN VIEIL HÔTEL

DU

MARAIS

NOTICE ORNÉE DE VINGT GRAVURES, PORTRAITS,
PIÈCES HISTORIQUES, ETC.

PAR

ADOLPHE JULLIEN

PARIS
LIBRAIRIE DE L'ART
29, CITÉ D'ANTIN, 29

1891

A MONSIEUR
ALFRED VAN DER VLIET

UN VIEIL HÔTEL DU MARAIS

I

NTRE tant de demeures historiques qui font encore aujourd'hui la gloire et l'éclat du Marais, entre tant de magnifiques hôtels dont quelques-uns sont véritablement princiers, comme l'hôtel de Soubise ou l'hôtel de Sens, l'hôtel Carnavalet ou l'hôtel de Sully, dont quelques autres, sans avoir une égale importance, ont déjà beaucoup de grandeur, comme l'hôtel Lamoignon, l'hôtel de Gabrielle d'Estrées, l'hôtel des ambassadeurs de Hollande ou l'hôtel de Beauvais, le vieil hôtel qui va nous occuper semblera bien peu de chose et pourrait passer inaperçu. Cependant il offre au curieux cet intérêt particulier de montrer exactement ce qu'était, aux siècles précédents, un hôtel familial de la noblesse de robe ou de finance. Il ne s'agit plus là de somptueux palais princiers, mais de ces maisons privées comme en avaient généralement les financiers et conseillers au Parlement. En raison même de leur grand nombre au Marais et du peu d'attention qu'on leur prêtait à cause de leur magnifique entourage, la plupart de ces modestes hôtels ont été bouleversés pour les besoins du commerce et saccagés pour le plus grand bénéfice des revendeurs de démolitions : il n'est donc pas sans intérêt d'en examiner un qui, sans avoir entièrement échappé à ces déprédations, a conservé bien des traces de son ancienne grandeur et est, en tout cas, un des moins défigurés du quartier.

Cet ancien hôtel est situé dans une des plus courtes rues du vieux Paris : la rue du Puits. Cette rue qui porta ce nom jusqu'en 1867 et qui, seulement alors, devint la rue Aubriot, — du nom du célèbre prévôt des marchands qui construisit la Bastille et y fut enfermé un des premiers, — était enserrée dans ce dédale de petites rues qui s'étendait de la place de Grève à la forteresse du Temple. Elle est tout à fait au cœur de la ville, puisqu'elle est comprise dans la première enceinte de Paris, celle édifiée par Philippe-Auguste aux environs de l'an 1200 et qui s'étendait sur la rive droite jusqu'à l'emplacement actuel du Mont-de-Piété, rue des Francs-Bourgeois. On peut le vérifier sur le plan de Braun, le plus ancien qu'on connaisse et qui remonte à 1530 : il est le seul qui donne encore intacte l'enceinte nord de Philippe-Auguste, et comprend, très nettement dessinée, la vieille rue du Puy, juste en face de l'abbaye des Blancs-Manteaux, adossée elle-même aux murs de Paris.

C'est en 1258 que Louis IX établit à Paris, près du mur d'enceinte et non loin du Temple, des religieux dits *Serfs de la Vierge Marie,* que le peuple nomma, à cause de la couleur de leur robe, les *Blancs-Manteaux*. Compris au nombre des ordres mendiants que supprima le concile de Lyon, en 1274, les Blancs-Manteaux furent remplacés par des ermites de Saint-Guillaume ou *Guillemites,* que le peuple continua de nommer Blancs-Manteaux, bien qu'ils eussent des vêtements noirs. Le 20 novembre 1407, le corps de Louis d'Orléans, assassiné par Jean

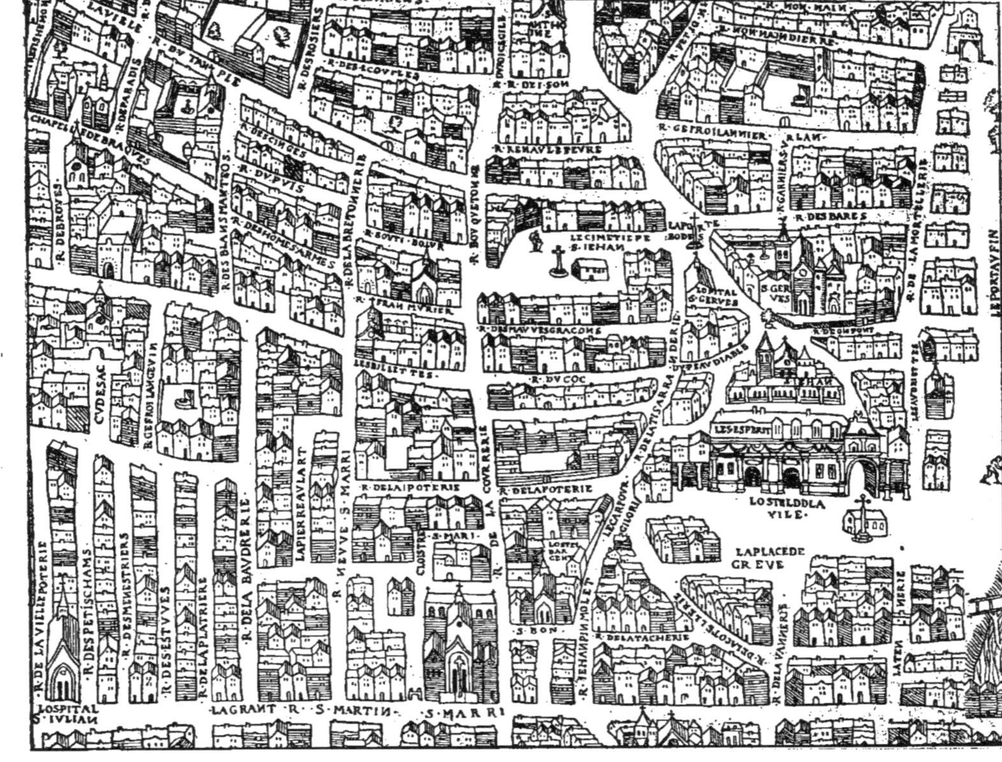

L'Hostel de ville et ses environs, vers 1550.

Saint-Merri, les Billettes, Saint-Gervais, le cimetière Saint-Jean, la rue du Puis et le monastère des Blancs-Manteaux.

D'après le plan de Truschet et Hoyau.

(L'hôtel en question est celui teinté en noir au milieu de la rue du Puis.)

sans Peur dans la rue Vieille-du-Temple au sortir de l'hôtel Barbette, fut déposé dans l'église des Blancs-Manteaux, où l'assassin vint s'agenouiller près de sa victime en maudissant les meurtriers. En 1618, les Guillemites se réunirent aux Bénédictins de la congrégation de Saint-Maur, par qui furent composés les grands ouvrages qui sont demeurés l'honneur de cette congrégation : *l'Art de vérifier les dates*, la *Collection des historiens de France*, la *Nouvelle Diplomatique*, etc.

ENTRÉE DE SERRURE ET MARTEAU DE LA PORTE COCHÈRE.

En 1685, le couvent fut reconstruit, et le chancelier Le Tellier posa la première pierre de l'église qui subsiste encore aujourd'hui, les bâtiments contigus ayant été vendus et démolis en partie après l'expulsion de l'ordre en 1790 et l'église ayant été rachetée en 1807 par la Ville qui en fit une succursale de Saint-Merry[1].

1. On voit encore, séparé de l'église par la rue des Guillemites, un corps de bâtiments du couvent tel qu'il fut reconstruit en 1685 et qui se raccordait sûrement avec la cure actuelle avant l'ouverture de ladite rue. En effet, lors de la vente du couvent devenu propriété nationale (12 vendémiaire et 8 prairial an V), il avait été spécifié que l'adjudicataire du lot comprenant le cloître et autres bâtiments serait tenu de fournir, et ce sans indemnité, le terrain nécessaire pour l'ouverture d'une nouvelle rue et le percement en fut ordonné par une ordonnance ministérielle de Chaptal (28 pluviôse an X). Depuis son affectation au culte public, l'église Notre-Dame-des-Blancs-Manteaux a reçu des embellis-

La Porte cochère.
(Hauteur, 4 mètres ; largeur, 2 m. 95 cent.)

La rue du Puits, alors comme aujourd'hui, commençait du côté de la Seine à la rue Sainte-Croix-de-la-Bretonnerie, en face, ou peu s'en faut, de la rue Bourtibourg, non loin de l'Hôtel de ville et de Saint-Gervais, et finissait au nord juste en face la chapelle du monastère des Blancs-Manteaux; elle tirait originairement son nom d'un puits public. De toutes les maisons de cette petite rue qui mesure au plus cent mètres de long, la seule qui ait l'apparence extérieure et la disposition intérieure d'un ancien hôtel familial est celle portant le n° 10.

L'hôtel, tel qu'il existe encore à présent, date des environs de 1705 (la date de cette reconstruction totale est consignée dans un acte authentique auquel nous arriverons tout à l'heure), mais les papiers de propriété permettent de remonter près d'un siècle plus haut et encore n'est-on pas sûr d'arriver au propriétaire initial. Le premier acte authentique entre mes mains est le constat d'un partage opéré en 1616 entre les deux enfants de Me Jean de Vaton, conseiller-secrétaire du roi et de ses finances, qui est ainsi le premier possesseur connu de cet hôtel, situé sur la paroisse Saint-Paul et dans la censive du grand prieuré du Temple, auquel il était tenu d'acquitter par an six livres parisis de cens.

A la mort dudit Jean de Vaton, il avait fallu procéder au partage entre son fils, Me Pierre de Vaton, conseiller-secrétaire du roi et correcteur en sa chambre des comptes à Paris, et sa fille Geneviève de Vaton, mariée à Jacob de Girard, écuyer, sieur de Sainte-Radegonde, aussi conseiller et secrétaire du roi et de ses finances. Sa maison de

sements notables, grâce surtout au zèle et à la persévérance de l'abbé Garenne qui fut curé de cette paroisse pendant près de cinquante ans, de 1831 à 1878, et ne la voulut jamais quitter : il y mourut, âgé de quatre-vingt-quatre ans, et fut remplacé par le curé actuel, M. l'abbé de Valois. En 1863, lors des grandes démolitions entreprises dans la Cité, on adapta à l'église des Blancs-Manteaux le portail des Barnabites, jusqu'alors perdu dans une cour, en face du Palais de Justice; ensuite, on établit à l'intérieur un très beau buffet d'orgue, puis une ancienne chaire achetée en Belgique, d'une élégance extrême avec des ornements sculptés, rehaussés d'or, et dont les panneaux en marqueterie avec incrustations de nacre font l'admiration des connaisseurs

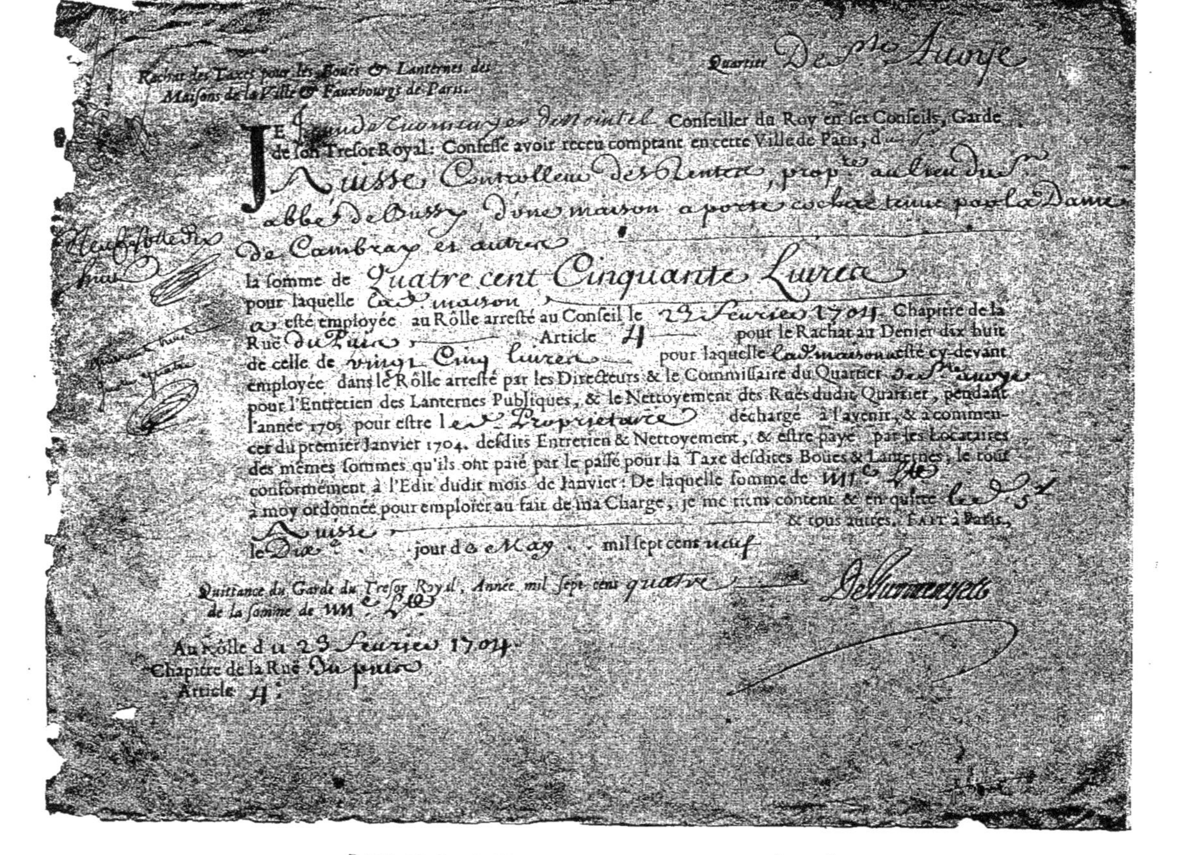

Rachat des Taxes pour les Boües & Lanternes des Maisons de la Ville & Fauxbourgs de Paris.

Quartier De Ste Avoye

JE [illegible] de Turmenyes de Nointel Conseiller du Roy en ses Conseils, Garde de son Tresor Royal: Confesse avoir receu comptant en cette Ville de Paris, d[e] Sr Ruisse Controlleur des Rentes, propre au lieu du Sr abbé de Bussy d'une maison a porte cochère tenue par la Dame de Cambray et autres

la somme de Quatre cent Cinquante Livres pour laquelle lad. maison a esté employée au Rôlle arresté au Conseil le 23 fevrier 1704. Chapitre de la Ruë du Puits, Article 4 pour le Rachat au Denier dix huit de celle de vingt Cinq livres pour laquelle lad. maison a esté cy-devant employée dans le Rôlle arresté par les Directeurs & le Commissaire du Quartier de Ste Avoye pour l'Entretien des Lanternes Publiques, & le Nettoyement des Ruës dudit Quartier, pendant l'année 1703 pour estre led. Proprietaire déchargé à l'avenir, & à commencer du premier Janvier 1704. desdits Entretien & Nettoyement, & estre payé par les Locataires des mêmes sommes qu'ils ont paié par le passé pour la Taxe desdites Boües & Lanternes, le tout conformément à l'Edit dudit mois de Janvier: De laquelle somme de IIIIc L[ivres] à moy ordonnée pour emploïer au fait de ma Charge, je me tiens content & en quitte led. Sr Ruisse & tous autres. FAIT à Paris, le Dix jour de May mil sept cens neuf

Quittance du Garde du Tresor Royal, Année mil sept cens quatre *de la somme de* IIIIc L[ivres]

De Turmenyes

Au Rôlle du 23 fevrier 1704.
Chapitre de la Ruë du puits
Article 4.

Reçu de la taxe des roues et lanternes (1704).

la rue du Puits, évaluée avec ses appartenances et dépendances à 15,000 livres, était échue au fils, en raison de ce partage opéré le 1er septembre 1616, et ledit sieur dut entrer en jouissance à partir du jour de la Saint-Remy. Donc le deuxième propriétaire fut Me Pierre de Vaton, et c'est le résultat de ce partage qu'il fait, en homme prudent, constater à nouveau par acte du 24 mai 1636.

TÊTE DE FEMME.
Clef sculptée de la baie cintrée au bas de l'escalier.

La maison passa ensuite à Me Adam-Pierre Barthélemy, seigneur de Bissy, conseiller au Parlement de Paris, et le fils de celui-ci, Nicolas-Pierre Barthélemy, seigneur abbé de Bissy, demeurant rue de la Cerisaie, paroisse Saint-Paul, la vendit à Me Louis Havis, conseiller du roi, contrôleur général des rentes de l'Hôtel de ville, en stipulant que l'acheteur devrait, sauf dommages et intérêts, continuer le bail de Mme de Cambray qui y logeait. La vente était faite, outre les charges de cens, de bail, etc., moyennant la somme de 15,000 livres, sur laquelle les acquéreurs ne payaient que 4,000 livres et constituaient pour le reste une rente de 550 livres payable par quartier à partir du 1er avril 1703, mais rachetable au gré de l'acheteur s'il lui prenait envie de payer le reliquat de 11,000 livres.

Cet Havis paraît avoir été le principal propriétaire de l'hôtel qu'il vint habiter aussitôt que possible : il dut donc rompre le bail avec Mme de Cambray et la dédommager. Dix ans plus tard, en 1713, il constituait une rente de 4,000 livres, hypothéquée sur cette maison

Rampe de l'escalier (palier du premier étage).

entre autres, et il constituait cette rente en garantie d'un emprunt de 14,000 livres destiné à payer les 11,000 livres restant dues sur l'acquisition de la maison en remboursement des 550 livres de rente consti-

Plaque de cheminée aux armes de France.
Époque de Louis XIV. (Grandeur, 73 cent. de large sur 75 cent. de haut.)

tuée à cet effet. Dans la même pièce, il déclare que l'hôtel est loué à Me Cadot, conseiller au Parlement, moyennant un loyer de 1,850 livres d'après bail conclu pour six années le 9 août 1712.

Havis déclare aussi dans cet acte qu'après avoir acheté l'hôtel en 1703, il l'a fait « reconstruire de neuf ». A défaut de cette affirmation, l'aspect de ce grand hôtel, aux murs épais tout en pierre de taille et sans ornement de sculpture extérieur, le ferait dater en plein

Plaque de cheminée représentant le Sacrifice d'Iphigénie.
Époque de Louis XIV. (Grandeur, 80 centimètres carrés.)

du règne du Grand Roi. Tous les fers forgés aussi, les balcons, la rampe de l'escalier, les verrous élégamment découpés, mais d'un dessin sévère et peu contourné, sont également du style Louis XIV le plus pur. Et d'ailleurs, il est assez naturel que le financier qui venait d'acquérir cette demeure dans un des beaux quartiers de la ville, à deux pas de la place Royale qui était alors le centre de la vie mondaine, ait voulu restaurer, agrandir, reconstruire enfin ce trop modeste hôtel avant que d'y venir loger[1].

Bien mieux, il fit sculpter au-dessus d'une baie cintrée, dans le passage de la porte cochère un écusson portant des armes que personne, absolument, n'expliquerait si l'on ne connaissait son nom de Havis. En effet, un usage, alors très répandu parmi les gens de robe et de finance qui n'avaient pas d'armes héraldiques, consistait à s'en faire composer afin de les placer sur leurs carrosses et sur la livrée de leurs gens, et le plus simple était d'imaginer un jeu de mots sur leur nom propre. Havis en trouva deux — ou l'on en trouva deux pour lui : ses armes parlantes par double jeu de mots sont trois *vis (A vis)* sur champ d'azur et, perché sur la vis du centre, un oiseau *(Avis)*. Celui qui avait imaginé cela ne lui avait pas volé son argent.

TÊTE DE BACCHUS.
Clef sculptée de la baie cintrée à l'entrée des caves.

1. Sur l'*Almanach royal* pour 1705, Havis, « contrôleur pour la 43e partie des rentes de l'Hôtel de ville », est encore porté comme logeant rue de la Verrerie ; l'année suivante, on le trouve installé rue du Puy. Depuis 1703, année de l'achat fait par Havis, c'était juste le temps nécessaire pour laisser partir Mme de Cambray et reconstruire l'hôtel en entier.

Chambre du premier étage.
(Hauteur, 4 mètres.)

II

Lorsqu'en 1712, Havis acceptait de louer son hôtel au parlementaire Cadot, c'est qu'il habitait lui-même une autre maison qu'il possédait dans un quartier beaucoup moins recherché : rue de la Clef,

PLAQUE DE CHEMINÉE SYMBOLISANT LE PRINTEMPS.
Époque de Louis XVI.
(Grandeur, 48 centimètres carrés.)

faubourg Saint-Marcel; mais durant presque tout le XVIIIe siècle, l'hôtel de la rue du Puits demeura dans sa descendance directe. Havis paraît n'avoir eu qu'une fille, laquelle avait épousé le notaire Jean-Nicolas Charpentier. Parmi les différents enfants nés de ce mariage, une fille, Élisabeth-Geneviève Charpentier, apportait en dot à son mari, Jean-Martin Hotteterre, ordinaire de la musique de la chambre du roi, la moitié de la maison de la rue du Puits. Par suite de décès dans la famille et de rachats de parts successifs, le musicien Hotteterre, homme d'ordre et d'économie à ce qu'il paraît, arrivait à posséder la presque totalité de l'hôtel dont il rachetait encore un douzième

Plaque de cheminée a la pyramide.
(Le niveau, la règle et le compas signifiaient sans doute égalité, régularité politique, etc.)
Fin du règne de Louis XVI. (Grandeur, 48 centimètres carrés.)

en 1732 à son beau-frère, Louis-Nicolas Charpentier, bourgeois de Paris, et il payait cette petite part la grosse somme de 3,166 livres.

La propriété demeura bien indivise entre eux; mais Hotteterre en avait certainement la majeure partie et devait l'habiter, tandis que son beau-frère occupait la maison de la rue de la Clef; car de 1732 à 1759, c'est lui qui paye personnellement les droits de cens dont l'hôtel était redevable à la Commanderie du Temple. En 1783, les quittances d'impositions sont encore aux deux noms d'Hotteterre et de Charpentier ; mais ce n'étaient plus les deux beaux-frères sus-désignés : c'étaient leurs héritiers directs. Jacques-Martin Hotteterre était sûrement mort avant 1768, puisque à partir au moins de cette année, les droits de cens sont acquittés au nom de sa veuve et par les soins d'un de ses fils, Jacques-Louis Hotteterre, avocat au Parlement de Paris[1].

PLAQUE DE CHEMINÉE : LE BIVOUAC.
Époque du premier Empire. (Grandeur, 48 centimètres carrés.)

Mme Hotteterre mourut seulement en 1784, et comme elle laissait trois petits enfants mineurs auxquels revenait la moitié de sa fortune, il fallut procéder à une vente par licitation : c'est alors que Me Jacques

1. Le 11 avril 1777, les Hotteterre et les Charpentier concluaient un bail emphythéotique de douze ans avec Me Jean-Jacques Blacque, conseiller du roi, notaire honoraire au Châtelet de Paris, il leur louait toute la partie de l'hôtel occupée précédemment par M. de Montflambert, lequel avait repris le bail de M. de Neuville, et par le même acte, ils autorisaient Me Blacque à faire différentes modifications intérieures, reculs de cloisons, agrandissements de pièces, etc., dans les lieux qu'il allait habiter.

Chambre du deuxième étage.
(Hauteur, 3 m. 5o cent.)

Baron, écuyer, conseiller au Châtelet de Paris, demeurant rue Pavée, au Marais, paroisse Saint-Paul, se rendit acquéreur de l'hôtel pour la somme totale de 46,600 livres, dont 6,000 pour le prix des glaces et ornements.

Cette vente, en date du 3 mars 1784, n'aurait pas plus d'importance qu'un simple changement de propriété, si en raison même des conditions dans lesquelles elle se faisait, on n'avait dû décrire exactement l'état dans lequel se trouvait alors l'hôtel, pièce par pièce, objet par objet. Cette longue énumération de boiseries travaillées, de glaces, de cheminées en marbres rares de toute provenance, de riches ferrures, de parquets de glaces, de corniches ornées, de dessus de porte peints et encadrés de bois sculpté, montre assez quelle richesse de décoration intérieure comportait au siècle dernier le moindre hôtel de famille, encore qu'il ne fût pas occupé par des gens de marque ou de haute extraction. La plupart de ces ornements ont disparu depuis qu'on a dressé cet état, le nouvel acquéreur et son successeur immédiat ayant voulu faire argent de tout : il en reste cependant quelques-uns qui suffisent à faire juger de ce que devait être un tel hôtel lorsqu'il passa dans les mains du sieur Baron.

Rien que l'énumération des locaux du rez-de-chaussée indique assez le train de maison qu'un pareil hôtel comportait, tout le premier étage étant occupé par les appartements de réception et le second par les pièces où logeaient les maîtres. « Le rez-de-chaussée de ladite maison est composé de porte cochère, d'une cuisine, bûcher et garde-manger à droite, à la suite duquel est la cage de l'escalier; d'une écurie pour quatre chevaux à gauche, d'une serre à harnois au derrière, au-dessus de laquelle et de l'écurie est un petit étage d'entresol, et d'une remise par derrière pour deux voitures, sans fermeture. » En outre de ces communs, il convient d'ajouter tout le troisième étage disposé en logements pour les domestiques, et tout au-dessus, les greniers avec fenêtre

Portrait de M. Adolphe Jullien.
Dessin de Fantin-Latour, d'après son tableau exposé au Salon de 1887.

centrale en pierre, avec poulie au moyen de laquelle on montait tous les fourrages au grenier.

En 1835, le 21 janvier, le même Jacques Baron, qui devait atteindre un âge avancé, vendait ledit hôtel à l'architecte Adolphe Nepveu pour 15,000 fr. de prix principal, sans les pots de vin, plus une rente viagère de 1,000 fr., constituée par le vendeur sur la tête du marquis d'Andigné de la Blanchaye, alors député de Maine-et-Loire, et moins d'un an après, le 8 janvier 1836, M. Adolphe Nepveu le revendait à M. Bernard Jullien.

« M. Bernard Jullien était né à Paris en 1798, a dit M. Charles Jourdain, de l'Académie des Inscriptions et Belles-Lettres. Fils d'un membre de l'ancienne Université de Paris devenu professeur, sous l'Empire, au prytanée militaire de Saint-Cyr, il s'était préparé dès sa première jeunesse à suivre la carrière paternelle. Après avoir débuté comme professeur de septième au collège Sainte-Barbe, il enseignait, dès 1820, la rhétorique au collège de Bourbon-Vendée; il fut envoyé, quatre ans plus tard, à Saint-Maixent et devint, à l'âge de trente-trois ans, principal du collège de Dieppe. Mais, en 1835, il quitta ce poste et, désormais fixé à Paris, dans une maison du Marais qui lui appartenait et où il est mort le 15 octobre 1881, il se consacra presque tout entier à ses travaux personnels que ne ralentirent pas quelques rares leçons dans des pensionnats privés.

« Ce n'est pas que, dans sa studieuse retraite, M. Jullien se désintéressât entièrement des affaires publiques, ni surtout de la direction de l'enseignement, objet de ses premières pensées. Il avait pris les grades de docteur ès lettres et de licencié ès sciences; secrétaire de la Société des méthodes d'enseignement, membre de la Société philotechnique, il acceptait, en 1843, la direction de la *Revue de l'Instruction publique,* fondée par M. Hachette. Mais la meilleure partie de son temps appartenait à la lecture, à l'étude, à ses relations avec

Salon du deuxième étage.
(Hauteur, 3 m. 50 cent.)

quelques amis de la science et des lettres, tels que M. Egger, M. Patin, M. Littré, M. Quicherat, et surtout à la rédaction de ses ouvrages. Ils sont en si grand nombre que nous ne pouvons en donner ici la liste complète...

« Ce qui distingue tout ce qui est sorti de la plume de M. Bernard Jullien, ce qui fait l'originalité et l'intérêt de ses moindres écrits, c'est la parfaite indépendance qui a présidé à leur composition. L'auteur ne relève que de sa propre pensée. Quand il marche sur les traces d'autrui, il ne les suit pas en vulgaire et superficiel imitateur, mais parce que de mûres réflexions lui ont fait juger que ce sentier était plus sûr que les autres. Il raisonne toutes ses opinions, et les autorités humaines n'ont aucune prise sur elles.

« Un autre caractère des ouvrages de M. Bernard Jullien, c'est la précision et la clarté. Plus il aimait à s'entendre avec lui-même, plus il s'attachait à être compris par les autres. Il repoussait les obscurités du langage comme celles de la pensée. Il détestait les mots d'enflure et les théories ambitieuses que celui qui les enseigne a quelque peine à expliquer à ses disciples et ne comprend pas toujours lui-même. A ces traits, on reconnaît un écrivain et un penseur animé de l'esprit du siècle dernier... [1] »

Et voilà comment je suis né dans ce vieil hôtel il y a quarante-six ans, comment j'y demeure encore aujourd'hui.

1. Article nécrologique sur M. Bernard Jullien par M. Charles Jourdain, dans *le Français* du 21 novembre 1881. Voir aussi l'article de M. Frédéric Baudry dans les *Débats* (22 novembre 1881), celui de M. Egger dans la *Revue politique et littéraire* (1881, 2e semestre), etc., enfin, le feuilleton dramatique de M. J. J. Weiss dans les *Débats* du 23 juillet 1883.

III

Revenons un peu sur le musicien Hotteterre. Il appartenait, ce Jacques-Martin Hotteterre, à cette illustre famille de facteurs d'instruments virtuoses dont les nombreux représentants s'échelonnent du milieu du XVIIe siècle à la fin du XVIIIe, en commençant par la mention qui se trouve dans *le Mariage forcé,* représenté au Louvre le 29 janvier 1664 sous le titre de *Ballet du roi,* parce que Louis XIV y dansait. La pièce de Molière était, ce soir-là, divisée en trois actes qui se terminaient par autant d'intermèdes; or la septième entrée du dernier intermède a pour sujet un *Charivari grotesque* et voici, d'après Molière, à qui en était confiée l'exécution : Lully, Balthasard, Vagnac, Bonnard, La Pierre, Descousteaux et les *trois Opterre frères.*

Ces trois frères Hotteterre avaient pour prénoms Nicolas, Jean et Martin. Ils étaient à la fois d'incomparables facteurs d'instruments à vent et d'habiles virtuoses, soit sur la flûte ou le hautbois, soit sur le basson, voire sur deux de ces instruments à la fois. Tel était le cas de Jean, réputé surtout comme hautboïste et joueur de musette et qui jouait cependant de la flûte dans les intermèdes de *George Dandin,* représenté à Versailles, comme on sait, le 18 juillet 1668, pour célébrer la conclusion du traité d'Aix-la-Chapelle. « L'ouverture du théâtre, écrit Félibien dans la relation de cette fête magnifique, se fait par quatre bergers (Beauchamp, Saint-André, La Pierre, Favier) déguisés en valets de fêtes, accompagnés de quatre autres bergers (Descousteaux, Philbert, *Jean et Martin Hottere*) qui jouent de la flûte. »

Le chef de cette véritable dynastie fabriquante et soufflante était Henri Hotteterre, qu'on trouve établi à Paris, vers 1650, comme facteur d' « instruments à souffle », ainsi qu'on parlait alors. Voici ce que dit de lui Borjon dans son *Traité de la musette,* publié à Lyon en 1672 : « Ceux qui se sont rendus les plus recommandables dans ce royaume par leur composition et leur jeu et par leur adresse à faire des musettes, sont les sieurs Hotteterre. Le père est un homme unique pour la construction de toutes sortes d'instruments de bois, d'ivoire et d'ébène, comme sont les musettes, flûtes, flageolets, hautbois, cromornes; et mesme pour faire des accords parfaits de tous ces mesmes instruments. Ses fils ne luy cèdent en rien pour la pratique de cet art, à laquelle ils ont joint une entière connaissance et une exécution plus admirable du jeu de la musette en particulier. »

Lorsque le chef de la famille, Henri Hotteterre, mourut à Saint-Germain-en-Laye, en 1683, on ne comptait pas moins de cinq héritiers du nom, parmi lesquels les trois fils susnommés; et tous les cinq rivalisaient de talent comme facteurs et comme exécutants. Quatre d'entre eux, Louis, Nicolas, Jean et Jacques-Jean, figurent dans l'annuaire publié en 1699 par Trabouillet sous le titre : *État de la France,* « parmi *les douze grands hautbois et violons de la Grande-Écurie, anciennement appelés Grands Hautbois, Cornets et Saqueboutes* ». Ils recevaient chacun 180 livres de gages par an, délivrés par le trésorier de la Grande-Écurie, 60 livres de récompense au Trésor royal, et un habit de livrée de 120 livres. Quant au cinquième, Martin Hotteterre, il faisait partie des « *six hautbois et musettes du Poitou, dépendants de la Grande-Écurie* »; il recevait à ce titre 300 livres de gages annuels, plus 120 livres de récompense, versés par le Trésor royal, et un habit de livrée de 126 livres.

Le plus payé et le plus richement habillé, Martin, dont une petite pièce de musique intitulée : *Marche du régiment de Surlaube,* est arrivée jusqu'à nous, semblerait avoir été le phénix de la tribu, tandis que ce fut en réalité son propre fils, Louis Hotteterre, le plus fameux joueur de flûte des deux derniers siècles, surnommé le Romain, parce

M. Adolphe Jullien. M. Boisseau. M. Camille Benoit. M. Emmanuel Chabrier. M. Edm. Maitre. M. A. Lascoux. M. Vincent d'Indy. M. Amédée Pigeon.

AUTOUR DU PIANO.

Tableau de Fantin-Latour. (Salon de 1885.) — Gravure de Thiriat pour *le Monde illustré*.

qu'il avait fait le voyage d'Italie et résidé à Rome. C'est lui qui fut la véritable illustration de la famille et qui, né vers 1677 dans le diocèse d'Évreux, faisait paraître, en 1708, ses fameux *Principes de la flûte traversière,* ornés d'un portrait de lui par Bernard Picart : il devait avoir environ soixante ans quand il publia chez Ballard, en 1737, sa *Méthode pour la musette,* accompagnée d'un catalogue complet de ses œuvres. En parcourant cette liste, uniquement composée, ou peu s'en faut, de méthodes et de pièces d'étude, on se convaincra facilement que Louis Hotteterre se consacra presque exclusivement à l'étude et à l'enseignement de ses instruments favoris ; mais il ne dut pas cesser d'entretenir de bons rapports avec ses oncles et ses cousins, car il a toujours soin de déclarer que, s'il y a des facteurs inhabiles et peu consciencieux, il en est aussi d'excellents et dont la réputation est légitimement acquise. A bon entendeur, salut !

Auquel de ces différents Hotteterre faut-il rattacher en ligne directe celui qui nous occupe et qui avait épousé la petite-fille du financier Havis ? Voilà ce qu'il est bien impossible de déterminer entre tant d'héritiers du nom, se remplaçant les uns les autres dans leur industrie artistique et dans leurs charges à la cour. Toujours est-il qu'à l'époque qui nous intéresse, soit vers le premier tiers du XVIIIe siècle, il est fait mention, sur les états de musiciens de la Cour, de Nicolas et Jacques Hotteterre au nombre des *douze cornets de la Grande-Écurie,* tandis que Jean Hotteterre avait remplacé Martin, son père, oncle ou cousin, dans les *six hautbois et musettes du Poitou.* Ce Jacques Hotteterre est bien le nôtre, et ce devait être le neveu du fameux Louis Hotteterre, — à moins que ce ne fût son fils... ou son cousin.

En 1737, le nom des Hotteterre eut une recrudescence passagère de notoriété. Le Concert spirituel vit débuter une jeune fille appartenant à cette famille, et, chose extrêmement rare alors, ce fut comme violoniste qu'elle affronta le jugement des amateurs. Ce jugement

2 juillet 1759
QUITTANCE.
Decens

ORDRE DE MALTHE.

GRAND-PRIEURÉ DE FRANCE.

Par la délibération du Conseil de S. A. S. Monſeigneur le Prince DE CONTI, du 19 Mai 1759. Il appert que le Sieur Marcel a été commis pour faire la perception des arrérages des Cens & Rentes dûs au Grand-Prieuré de France, Commanderie du Temple, échus à Pâques dernier.

JE ſouſſigné, en conſéquence de la délibération du Conſeil de S. A. S. Monſeigneur le Prince DE CONTI, dont l'Extrait eſt ci-deſſus, reconnois avoir reçu de *Sieur jacques martin notttaire officier de chez le Roy ledit ſieur propriétaire de sa maison cy après*

la ſomme de *une livres dix sept sols six deniers tournois*

pour *une* année d'arrérages échues au jour de Pâques 1759, à cauſe de *six sols six deniers Parisis*

des Cens & Redevances de fonds de Terre que le Grand-Prieuré de France & Commanderie du Temple à Paris, a droit de percevoir par chacun an ſur *une maison seize a paris Rue des quatre fils au marais du temple N° 4*

dont quittance, ſans préjudice d'autres dûs, tant pour Droits de lods & ventes, ſaiſine, amende & frais, s'il y en a, qu'autrement. Fait à Paris, le *le deuxième* jour de *Juillet* mil ſept cens cinquante-neuf.

Marcel

Reçu de cens du grand prieuré du Temple (1759).

paraît avoir été favorable, si l'on s'en rapporte à l'extrait suivant du *Mercure de France* : « La demoiselle Hotteterre, jeune personne nouvellement arrivée de province, a exécuté plusieurs fois sur le dessus de violon différentes sonates de la composition du sieur Le Clair, avec toute l'intelligence, la vivacité et la précision imaginables. » Cette jeune virtuose était-elle la même qui devait, quelques années plus tard, composer un grand concerto, le second, s'il vous plaît, pour cinq (premiers) et quatre (seconds) violons, orgue et violoncelle, concerto qu'elle dédiait à Mme Adélaïde de France, et que le *Mercure* de janvier 1744 annonce en défigurant quelque peu le nom de l'auteur ? Hotteterre ou de Hauteterre, on n'y regardait pas de si près en ce temps-là [1].

Cet ancien hôtel a donc tour à tour abrité la robe et la finance, les lettres et les arts. Le commerce, au moins jusqu'à ce jour, ne l'a pas trop atteint, et le cas est rare dans ce vieux quartier du Marais, tout rempli de magnifiques demeures seigneuriales qui ont perdu tout caractère et toute grandeur par suite de remaniements barbares. Cet hôtel-ci n'a jamais eu d'illustration particulière, et cependant, tel qu'il est encore à cette heure, il donne exactement l'idée de ce qu'était un hôtel de gens de marque au siècle dernier, tandis que, tout auprès, d'autres maisons, ayant appartenu à des personnes plus illustres, sont entièrement déchues de leur splendeur passée, avec leur façade bariolée d'enseignes criardes, leurs escaliers éventrés, leurs appartements mis au pillage et leurs cours transformées en hangars.

L'abbé de Bissy, le contrôleur de rentes Havis, le joueur de flûte Hotteterre, le contrôleur au Parlement du même nom, et le notaire

1. Sur cette innombrable famille Hotteterre, au milieu de laquelle on a grand'peine à se reconnaître, on consultera avec fruit la curieuse notice publiée par M. Jules Carlez, à Caen, en 1877, et l'article complémentaire de M. Gustave Chouquet dans la *Revue et Gazette musicale* du 8 juin 1879. C'est grâce à eux que j'ai pu réunir ici ces renseignements, sans prendre autrement parti sur les points de détail qui les divisent.

Charpentier n'étaient assurément pas de bien grands personnages; mais ils n'étaient pas non plus les premiers venus, et, par leurs fonctions, leur charge ou leur talent, ils étaient tous au-dessus du menu fretin : peuple, commerce, bourgeoisie, et occupaient une petite place en vue à leur époque. On n'aurait pourtant jamais songé à évoquer leur souvenir s'ils n'avaient passé par cet hôtel et s'ils n'avaient laissé, en quelque sorte, un peu de leur existence après ces vieux murs. Les hommes sont morts il y a cent ans et plus; leur demeure est encore et restera longtemps debout sur ses solides assises de pierre; ils sont morts, et ne doivent de revivre un jour qu'à ce vieil hôtel qui leur appartint et que la suite des temps a fait passer en ma possession.

Donc — dirait l'énigmatique et savant Claude Frollo — ceci ressuscite ceux-là.

ARMES PARLANTES DE HAVIS.
Par double jeu de mot (A vis — *Avis*).
Clef sculptée d'une des baies cintrées du passage de la porte cochère.

TABLE DES GRAVURES

AUTRES OUVRAGES DU MÊME AUTEUR

PUBLIÉS A LA LIBRAIRIE DE L'ART

Richard Wagner, sa vie et ses œuvres. Un volume grand in-8° de 400 pages, orné de 14 lithographies originales par Fantin-Latour, de 15 portraits de Richard Wagner, de 4 eaux-fortes et de 120 gravures, scènes d'opéras, caricatures, vues de théâtre, autographes, etc.

Hector Berlioz, sa vie et ses œuvres. Un volume grand in-8° de 400 pages, orné de 14 lithographies originales par Fantin-Latour, de 12 portraits de Hector Berlioz, de 3 planches hors texte et de 122 gravures, scènes théâtrales, caricatures, portraits d'artistes, autographes, etc.

Pour paraître prochainement à la même Librairie :

Musiciens d'aujourd'hui. Un volume in-18 Charpentier de 400 pages, orné d'autographes de compositeurs célèbres.

Paris. — Imprimerie de l'Art, E. Ménard et Cie, 41, rue de la Victoire.

BIBLIOTHEQUE NATIONALE DE FRANCE
3 7531 04273278 5

www.ingramcontent.com/pod-product-compliance
Ingram Content Group UK Ltd.
Pitfield, Milton Keynes, MK11 3LW, UK
UKHW020423230726
13925UKWH00004B/1575

9 782014 438024